AF247670

ALBERT BARBOSA

ÉLÈVE DU

COLLÈGE SAINT-BERTIN

RAPPELÉ A DIEU LE 24 AVRIL 1888

LETTRE

à sa Mère

Excellentissima Senôra.

D. Emilia Ramana de Vasconcellos Gonçalves.

SAINT-OMER

MP. ET LITH. H. D'HAMONT, RUE DES CLOUTERIES 14

1888

ALBERT BARBOSA

ÉLÈVE DU

COLLÈGE SAINT-BERTIN

RAPPELÉ A DIEU LE 24 AVRIL 1888

———

LETTRE

à sa Mère

Excellentissima Senôra

D. Emilia Ramana de Vasconçellos Gonçalves.

SAINT-OMER

IMP. ET LITH. H. D'HOMONT, RUE DES CLOUTERIES, 14

———

1888

Madame,

Nous préparions un autre avenir à votre
enfant et à vous-même de plus douces émotions. Ses brillantes qualités, ses éminentes
vertus portaient déjà leurs fruits et promet-
taient pour bientôt une plus glorieuse mois-
son.

Vous avez partagé nos espérances ; lais-
sez-nous vous offrir aussi nos consolations.

Albert parut au milieu de nous le 5 Mars 1886. Ce n'était pas sa première visite : vous nous l'aviez présenté le 15 Août précédent, fête de l'Assomption. Ces dates lui paraîtront plus tard des coïncidences remarquables.

La traversée ne l'a nullement fatigué ; la vue du collège ne l'attriste aucunement.

Il parle de sa famille : le nom des Barbosa est bien connu dans le monde des affaires ; leur commerce s'étend de l'Amérique au Japon ; ils ont des comptoirs en Europe et surtout en Afrique. Albert n'a pas eu le bonheur de connaître son père : les travaux dans lesquels Monsieur Barbosa avait dépensé son intelligente activité l'eurent bientôt épuisé ; il disparut en Mai 1870 èt Albert naquit en Novembre. Albert dit peu de chose de son enfance : il parle de leçons de catéchisme données par sa mère, des interminables chapelets de sa vieille nourrice, et c'est tout ce dont il se souvient jusqu'à son arrivée à Campolide [1].

Le collège de Campolide est fréquenté par la haute aristocratie du Portugal et défie toute concurrence par la supériorité de ses études, Albert donne une autre raison de votre choix : « Ma mère ne voulut jamais pour nous que des professeurs prêtres ; voilà pourquoi je suis allé chez les jésuites de Campolide. » Il en rend grâce à sa mère ; car il a toujours aimé les prêtres et, depuis son séjour à Campolide, il met leur dévouement hors de pair.

Le nom du bon Père Borges revient à chaque instant sur ses lèvres : il vante son zèle, sa piété, sa science. — C'est lui qui l'a préparé à sa Première Communion, et, ce jour-là, il a goûté des joies si pures qu'il communie toujours avec bonheur. — C'est aussi le Père Borges qui lui a fait connaître la Sainte Vierge ; à Campolide, il avait un chapelet et le disait quelquefois. Mais il était plutôt soldat que dévot de la Bonne Vierge : membre, voire même conseiller de la Congrégation de l'Immaculée-

[1] Faubourg de Lisbonne.

Conception, il se bornait simplement à recruter des congréganistes. — C'est encore le Père Borges qui a préparé ses concours de fin d'année : Albert a passé de brillants examens ; on l'a félicité pour son français et ses mathématiques. A treize ans, les logarithmes lui étaient familiers.

Deux années venaient de s'écouler en Angleterre ; logarithmes et mathématiques s'oubliaient peu à peu ; qu'avait-il fait ? — Beaucoup de musique, peu d'anglais, encore moins de sciences. Il en souffrait ; il vous avait confié ses peines, et ses vives instances le ramenaient sur le continent pour reprendre ses études.

Hélas ! il s'aperçut bientôt que les difficultés le rebutaient ; les classes étaient sans entrain, les livres sans attrait ; les devoirs se faisaient avec une lenteur désespérante : il fallait deux heures pour traduire quatre vers de Virgile. Les progrès qu'il fit à cette époque, il les dut bien plus à son extrême facilité qu'au sérieux de son travail. — Il captivait néanmoins par son innocence et par sa sincérité. Avait-il dissipé son temps ou violé la règle de la maison ? Il en convenait loyalement.

Cette parfaite sincérité, il la portait dans

son commerce avec Dieu : ses traits prenaient une expression singulière de foi et de recueillement au pied de l'autel. Il priait, il demandait des forces, et préparait ses Communions. — La prière, la Sainte Eucharistie, c'est le salut ; ce sont les armes puissantes qui vont assurer sa victoire. Le dimanche était le jour des résolutions énergiques et des grands sacrifices ; la lutte était vive : il fallait secouer toute dissipation et reconquérir le goût de l'étude en surmontant les premières aridités du travail ; la Communion faisait tout cela. De la Communion mensuelle, Albert en était bientôt venu à la Communion bi-mensuelle ; puis, peu à peu, à la Communion hebdomadaire qu'il faisait le dimanche. — Il allait se révéler : c'était le lis s'élançant enfin du milieu des épines et entr'ouvrant sa corolle. Chaque jour amenait sa surprise et dévoilait de nouvelles beautés. L'affection, le respect, l'admiration lui créaient dans notre maison une réputation enviée et en même temps son travail prodigieux lui préparait un brillant avenir.

Vous êtes alors puissamment intervenue, et vous avez heureusement dirigé ses études. Son rang, ses aptitudes, lui disiez

vous, l'obligeaient à une culture intellec-
tuelle des plus complètes ; il fallait s'assurer l'accès des écoles supérieures par un
diplôme, et, vu la difficulté de notre composition littéraire, vous conseilliez le bac-
calauréat ès-sciences. Albert se fit donc
mathématicien, condisciple des mathéma-
ticiens et, dans ce monde des travailleurs,
il acquit bientôt — c'était son mot — la rage
des mathématiques. Son dortoir résonna
d'x et d'y : Albert rêvait Algèbre.

Nous l'avons vu parcourir en se jouant
des programmes qui désespèrent nos Français. Pour ne parler que des sciences, il sut
en peu de mois la partie mathématique de
son programme, c'est-à-dire l'algèbre, l'a-
rithmétique, la géométrie, la trigonométrie,
la descriptive, la mécanique et la cosmogra-
phie. Ses volumineux cahiers de notes, ses
centaines d'exercices, ses merveilleux
succès dans nos cours de sciences où il
fut constamment le premier, disent bien
haut qu'il ne se contentait pas d'une étude
superficielle.

Quand vint l'anniversaire de son arrivée
à St-Bertin, Albert avait donc depuis
longtemps dompté son cœur et discipliné
son esprit. Au mois de Mars, commence

une nouvelle période de sa vie : son intelligence s'est ouverte, sa mémoire s'enrichit, son cœur se dilate.

Il lui sembla d'abord qu'il ne vous avait jamais assez témoigné son affection : il vous écrivit plus souvent, et depuis cette époque ses lettres sont plus longues et plus affectueuses. — Puis, pour se consoler de la mort de son père, il imagina de le remplacer : il prit, pour patron spécial de ses études et pour gardien de sa vie, Saint Joseph que nous honorons particulièrement pendant le mois de Mars. Il fit la Sainte Communion le premier Mars, et, au moment où Jésus le possédait, il se consacra tout entier au Père du Fils de Dieu ; en signe de filiation, il prit pour la porter toujours une statuette de Saint Joseph. — Ce fut alors qu'il entreprit de se recueillir chaque matin dans une courte méditation : où avait-il appris à se recueillir en la présence de Dieu ? à savourer les célestes pensées, à verser son cœur dans celui du Christ ? dans son catéchisme ; sur les genoux de celle qui lui avait appris à prier. — Les dehors d'un élève accompli révéleront désormais dans Albert les progrès invisibles de sa piété et de sa vertu. Dieu s'empare de lui ; Dieu s'incline sur votre enfant, et met dans son cœur la paix, la joie, le bonheur qui se reflètent dans ses traits. La méditation lui devient nécessaire : quand la Messe commence, il se recueille, parcourt quelques lignes de son livre ; puis, les bras se croisent, ses yeux se fixent sur le tabernacle et l'entretien se prolonge. — Les *Visites au Saint Sacrement* et les *Aspirations* de St Alphonse de Liguori, les *Traités de la Paix de l'âme* et des *Vérités Éternelles* de Scupoli, les *Heures Sérieuses de Charles Sainte Foi,* divers recueils de méditations se succédèrent entre ses mains. Il avait réservé le *Combat Spirituel* de Scupoli pour les vacances.

Les vacances ! Quelle douceur ! Jouir de la famille, revoir sa mère, lui dire des yeux ce que la plume et les lèvres sont impuissantes à traduire, recevoir des caresses qu'elle seule sait donner, ah ! viennent les vacances ! — Mais partir, c'est traîner cinq longs jours dans la protestante Angleterre : « Ah ! Monsieur, que ne pouvez-vous venir à Londres ! vous nous diriez la Messe, et je ferais ma lecture. Que ne venez-vous pour la prière et les soirées ? » Et il fit si bien qu'on y alla. — « Mais à Caldas[1] la Messe est rare, et l'église est loin du château, que faire ? » Il prit des leçons de latin au presbytère, voisin de l'église et du tabernacle. — « Mais dans le tourbillon de Lisbonne, comment aborder le prêtre ? — Et les sciences le rapprochèrent du Père Borges, le prêtre de sa Première Communion.

La méditation se fera facilement. Ses frères ne l'incommoderont guère dans son cabinet de travail. Albert s'agenouillera chaque matin devant son image de Jésus-Eucharistie, et commencera comme il suit sa prière du matin :

« O mon Dieu, qui me regardez en ce moment et qui m'aimez, je vous offre mes pensées, mes conversations et mes actions de cette journée ; je vous offre toutes les Messes qui se disent en ce moment, surtout celles des prêtres qui s'intéressent à moi. O Jésus-Eucharistie, qui m'avez souvent nourri de votre chair sacrée, je me transporte à vos pieds, et c'est là que je fais ma lecture. O Marie, je vous appartiens comme congréganiste et je compte sur votre assistance pour rester innocent. O

---

[1] Village où la famille a sa maison de campagne.

saint Joseph, vous êtes mon père ; faites que je vous sois fidèle selon ma promesse : *potius mori quam fœdari.* »

Alors viendra la méditation, puis la communion spirituelle, et enfin, vive la famille ! que ses joies sont douces et pures.

Albert n'oublia rien : il entretint une correspondance active avec le directeur de sa conscience ; ses lettres, qui ont été détruites, seraient aujourd'hui son plus bel éloge. Il reçut fréquemment les encouragements et les conseils de son directeur ; ces pages sont sans doute entre vos mains ; elles disent ce que fit Albert, car aucun conseil ne le trouvait rebelle.

Un attrait inexplicable pressait Albert de rentrer à Saint-Bertin. Vous étiez étonnée d'entendre cet écolier de dix-sept ans insister auprès de sa mère pour être rendu à la vie de collège. Albert trouvait en effet de puissantes séductions dans les magnificences de Lisbonne : les splendeurs de vos salons, la société si distinguée qui les fréquente, les concerts de vos soirées le ravissaient. — « J'aime le monde, disait-il, c'est ma folie ; j'aime à m'étendre sur un sofa pour écouter le concert : la musique m'enivre. » — Et le monde le poursuivait, le monde admirait les grâces de son adolescence, le charme de sa conversation, son innocence et sa vertu naïve et sans apprêt.

Ce n'étaient plus du reste les jouissances mondaines qui captivaient Albert : une affection plus sainte et plus digne de lui s'était emparée de son cœur mûri par l'étude et la piété. Promenades et concerts perdaient leur charme quand vous n'étiez pas là. Il s'attachait à votre bras, s'accoudait sur vos genoux, vous contemplait sans se lasser et lisait dans vos yeux les émotions qui devaient l'agiter. Albert aimait, il adorait sa mère. — Abel ne voulait plus se séparer de son frère : « Ne nous quitte plus ; viens à Campolide. » Albert riait, il comprenait avec son grand bon sens qu'il ne pouvait renoncer à des études si heureusement commencées. Il annonça sa détermination de les continuer à tout prix. Mais, revenir en France, c'était quitter sa mère, et dans son cœur se livrait un combat où la raison eût succombée, si Dieu, dont les desseins sont impénétrables, ne l'eut secondée de sa grâce. — Sa mère ! il n'est point d'éloge qu'il n'en ait fait ; dans ses longues promenades autour de Saint-Omer et dans nos cours, où le mauvais temps supprimait parfois le jeu, il la montrait à ses condisciples telle que son cœur aimant se la représentait. On lui parlait de ses succès : « Oh ! oui, ma mère sera contente », et il s'encourageait ainsi lui-même. — Que de fois, interrompant une étude laborieuse, il est arrivé chez un de ses maîtres : « Monsieur, je suis fatigué ; parlons de ma mère », et le temps s'écoulait sur ce thème intarissable, ou bien encore Albert traçait ces pages qui vous redisaient son amour, et vous consolaient de son absence. — Il fallut donc, madame, un travail secret de la divine Providence pour nous rendre Albert.

Albert savait du reste l'accueil paternel qui l'attendait à St-Bertin. Notre supérieur avait pour lui des paroles plus tendres : il l'arrêtait volontiers et lisait avec bonheur dans son regard la beauté de son âme. Bien que contraint par des occupations multiples à confier à d'autres mains la formation de votre fils, il suivait ses progrès avec sollicitude et se plaisait à l'entretenir : « Je viens de chez Monsieur Cochet, disait Albert ; il m'a tenu longtemps. Comme il me fait du bien ! Il m'a promis de m'appeler encore. » — Il fut bientôt à même de suivre les cours de sciences en philosophie. L'expérience, le talent de son professeur avaient captivé sa belle intelligence ; notre professeur d'histoire, heureux d'orner et de guider cet esprit judicieux mettait aussi à sa disposition le trésor de ses vastes connaissances. — Ces témoignages d'affection et bien d'autres qui resteront ignorés, rendaient en quelque sorte à votre fils la vie de famille. Cette pensée vous console et le besoin de vous consoler encourage les indiscrétions : notre cher économe, aux jours de congé, avait fait d'Albert le commensal de ses maîtres. La présence d'Albert donnait à notre table plus de vie et de gaîté, et nos invités emportaient le souvenir de cet adolescent qui, sans y prétendre, se faisait remarquer par ses bonnes manières et sa réserve.

Cette réserve, il l'oubliait avec ses amis. — Dès l'année dernière, son ami Arthur, le « vénérable ». Arthur l'avait formé à la régularité ; Pierre, toujours plongé dans les calculs lui trouvait les formules : « On dit du bien de petit Pierre, c'est par routine : il n'y a que moi qui connaisse mon petit Pierre. » Un autre Arthur était le compagnon des joyeux ébats et des folles équipées ; c'était avec lui que s'organisaient les grandes parties. Pierre et les deux Arthur, il avait fini par s'en entourer au réfectoire, et il était si heureux dans ce milieu de son choix qu'il attirait tous les regards par sa franche et bruyante gaîté. Avant de se séparer, on voulut se voir ensemble sur une photographie, et, dans un repas d'adieu, on but aux succès assurés, à la magistrature, à la médecine, à l'avenir, à la vie.

Ernest introduisit Albert dans la bonne société de St-Omer. Ernest, petit-fils d'un magistrat vénéré, digne héritier d'un grand nom, ne pouvait plus se passer de son meilleur ami. C'était avec Ernest que se faisaient les excursions de Blandecques. — Albert vous a souvent parlé de Blandecques : il connaissait la bourgade de longue date. Les annales de Stonyhurst lui en avaient vanté le glorieux passé, l'incomparable salubrité et surtout les sites pittoresques. « Dieu, que c'est beau ! disait Albert en s'arrêtant pour admirer; j'aime tout cela ; du reste, j'aime tout ce qui est beau. » — Albert cherchait-il là un reflet du beau ciel de son pays, ou plutôt retrouvait-il l'image de ses rêves dans les mères qui l'y accueillaient avec tant de bonté? Il disait l'un et l'autre, et ne se lassait point de courir à Blandecques. « Gaston, mon bon Gaston, tu viendras en Portugal, répétait-il; je veux que tu connaisses ma mère et mon pays. » Il y avait toujours table ouverte pour Albert chez le bon Gaston et le

bouillant André réservait son gibier pour
les chasses d'Albert.

Emile aussi recevait votre fils. Emile était
avec Auguste sa société de cette année ;
Albert les recherchait et leur disait bonnement le moyen de l'écarter : « ne soyez plus
les meilleurs. » Il aimait dans l'un la matu-
rité de son esprit et la sûreté de son juge-
ment, et dans l'autre sa piété et la solidité
de sa vertu. Auguste était son confident :
« Je n'ai pas de secret pour Auguste ; je
parle sans penser à ce qui va sortir ; aussi
je m'en donne ». Auguste était encore son
compère : « Il me passe par la tête, lui
écrivait-il pendant les vacances, que tu re-
viens à St-Bertin pour me faire conseiller
de ta congrégation, et m'apprendre à faire
du bien autour de moi ». — Emile et Auguste, bien que philosophes, étaient cependant
dant ses élèves ; il causait sciences avec eux
et leur exposait les phénomènes de la cha-
leur, de la pesanteur et de l'électricité.
Car Albert savait sa physique et ses expli-
cations faisaient autorité : sa pénétration
et sa facilité d'élocution, aplanissaient
toutes les difficultés. Il travaillait sérieuse-
ment, mais modérément ; le passé était ré-
paré et l'avenir assuré. Il n'apprenait plus,

il méditait ; il ne se chargeait plus, il se nourrissait.

Vous avez suivi et encouragé les progrès de son esprit : chaque succès vous était annoncé sans délai. Déjà, dans notre pensée nous le mettions dans vos bras, élève dix fois couronné, candidat vainqueur, brûlant d'amour pour sa mère et portant une double auréole : l'affection de ses maîtres et le respect de ses amis. St Ambroise, parlant d'une créature incomparable, nous semblait esquisser le portrait de notre Albert : « Assidu au travail, il cherche Dieu seul pour témoin des sentiments de son cœur : jamais il ne blesse personne, il veut du bien à tous ; il honore ses supérieurs, et, sans envie pour ses égaux, fuyant l'ostentation, il suit la raison et aime la vertu. Ses regards sont pleins de douceur, ses paroles remplies d'affabilité, toute sa conduite porte l'empreinte de la modestie ; son extérieur est si bien réglé que son corps est comme l'image de son âme. »

Non content de suivre les voies communes, Albert s'était engagé depuis longtemps dans le chemin ardu de la perfection : parfois, Dieu se choisit une âme en qui et par qui il veut être particulièrement glorifié. Il s'unit à elle, la possède ; il se trahit dans cette âme, non plus par des actes passagers, mais par un sentiment habituel de ferveur et d'amour. — Dieu aima votre fils et s'en fit aimer : la passion d'Albert fut Jésus-Eucharistie.

Son Ange reçut la mission de le guider dans les voies où Dieu l'appelait. Albert commença son commerce avec le monde surnaturel par le culte de son Ange Gardien. Il s'assura son secours par une fervente Communion dès le 2 octobre, jour de sa rentrée et fête des SS. Anges ; il lui consacra le mois d'octobre, fit sa méditation de chaque matin en union avec lui et s'accoutuma pour toujours à le considérer comme visiblement présent à ses côtés. Il conversait avec lui, et attendait, pour être congédié, ce souhait qui revient souvent sur les lèvres de ses maîtres : « Que votre Ange guide vos pas. » Il faisait aussi de son Ange le messager de ses affections ; il l'adressait aux personnes qui l'intéressaient, et, sa pensée se portant vers vous, il disait : « Ange, mon frère, mon guide fidèle, toi qui vois ma mère, dis-lui que je l'aime et inspire-lui de saintes pensées. » Vous devez à l'Ange d'Albert plus d'une inspiration pieuse, plus d'une grâce, dont la source vous est inconnue. Il députait son Ange vers les saints et les saintes de sa famille : il l'envoyait à son père. Il offrit ses prières et ses communions, il puisa de toutes ses forces dans le trésor des Indulgences pendant le mois de Novembre pour la délivrance de cette chère âme : et depuis ce temps, il vécut dans une telle assurance de son salut qu'il se mit à l'invoquer.

Albert a son guide ; il lui faut un modèle. — Par sa vie ignorée, par ses relations incessantes avec le Fils de Dieu, Saint Joseph est le parfait exemple de la Vie Intérieure. Albert, en fils docile, imita Saint Joseph. — Joseph! ce nom le séduit : il distingue ceux de ses condisciples qui portent le nom de Joseph. Il recherche l'un pour sa distinction et sa candeur; l'autre pour sa réserve et son affection dévouée ; il en soutient un troisième dans les voies du bien où marche glorieusement sa nombreuse famille. — Joseph ! ce nom revient sans cesse sur ses lèvres. Est-il aux prises avec un problème épineux, une composition difficile ? son Saint Joseph est dans ses mains et l'inspire. Une fois à l'abri des regards indiscrets, il tire sa statue, la baise avec ferveur et lui parle : « Saint Joseph, Albert vous aime. » Voyez-le surtout le mercredi, jour qu'il consacre à Saint Joseph ; dès le matin, il s'isole et formule à haute voix son offrande filiale : « Aujourd'hui tout pour Saint Joseph », et cette pensée inspire tous les actes de sa journée. — Suivez-le pendant le mois de mars : voici l'autel de Saint-Joseph ; Albert est seul ou presque seul dans la chapelle. Il s'agenouille, active la flamme d'une lampe qu'il entretient à ses frais, et s'écrie joyeusement dans sa piété naïve : « Comme ma lampe brûle ! les autres flammes ne se voient plus. » Ainsi se révélaient sa foi profonde et les secrets sentiments de son cœur.

Le regard fixé sur Saint Joseph, et conduit par son Ange, Albert se fait le disciple de Jésus-Eucharistie.

Le culte du Très-Saint Sacrement est notre dévotion fondamentale. Les prêtres de Saint-Bertin ne s'en cachent pas : s'ils accordent à des sciences profanes un temps qu'ils consacreraient volontiers à des études plus sacerdotales, s'ils ont à cœur d'acquérir et d'exercer l'influence que donnent les connaissances humaines, c'est pour servir Jésus-Christ, c'est pour armer les soldats de leur Divin Maître. Jésus-Christ règne chez nous : il enseigne aussi. Nous sommes ses disciples, ses organes et nous lui conduisons nos élèves : nous les voyons avec bonheur se prosterner chaque matin au pied de l'autel et offrir leur journée au Maître de leurs maîtres.

Albert débuta dans la Vie Eucharistique par cette pratique bienfaisante de la visite au Saint Sacrement. On le voyait tous les matins à la chapelle, comme tant d'autres. Il y paraissait à peine, mais « si chaudement » qu'il en sortait toujours meilleur. Il se recueillait un instant avant de se présenter, et à la sortie savourait dans le silence la pieuse émotion qu'il venait de goûter. — Le dimanche, il recevait son Dieu ; et il en vint à passer la journée entière dans une ferveur continue. — Il mit son imagination au service de sa piété : il vit Jésus-Christ tel que nous le trouvons représenté : le sourire sur les lèvres, le front serein, les mains étendues pour inviter à la confiance. Albert se plonge dans ce cœur tout brûlant d'amour ; il en jouit comme s'il l'habitait seul. Durant les offices, tout pénétré de la présence de ce Dieu aimable et souriant, la tête légèrement penchée, les bras croisés ou les yeux fixés sur un livre qu'il lisait surtout avec son cœur, il édifiait par son attitude pleine de simpli-cité. Rien, sauf parfois un éclair d'amour ou de joie dans son regard, ne décelait les émotions de son âme. Quelle joie paisible et continue quand il obtenait la faveur de servir à l'autel ! ses yeux et son cœur étaient plus près du tabernacle. — Le di-manche passait vite : il continua de goûter le lundi, puis le mardi ces célestes douceurs, et il se mit à préparer dès le jeudi ce tri-duum de bonheur.

Dès lors, il put dire comme cette Théode-linde dont il avait lu la vie : « Mon cœur, déjà si fortement attiré vers la Sainte Eu-charistie, est comme lié au tabernacle... Mes oraisons se passent à me laisser brûler en silence. » — Aussitôt éveillé, il s'offre à Jésus-Eucharistie ; il a reposé sous son toit, il commence la journée sous son re-gard. Il fait sa prière du matin aux pieds de Jésus ; son regard perce pour ainsi dire la muraille et s'arrête sur le tabernacle. La Messe ! célestes voluptés ! il y voit, il y re-çoit le « Bon Jésus » dans une brûlante Communion de désir. On sonne la classe ; la chapelle est solitaire : « Va, mon cœur »;

il entrouve la porte, fixe le tabernacle, s'agenouille furtivement : « Bon Jésus, m'aimez-vous ? Albert vous aime tant qu'il peut. » Voici l'étude, Albert et son Bien-Aimé travaillent ensemble, et quand sonnera l'heure du repos, ils seront tous deux à la chapelle, se quitteront à regret et dormiront cœur à cœur.

Les affections humaines engendrent trop souvent le trouble, la satiété, l'inquiétude. Tel n'est point le caractère de l'Amour Divin ; aussi le cœur d'Albert est-il perpétuellement en fête. La joie, la paix, le bonheur y versent d'indicibles douceurs.

Ainsi disposé, Albert communia plus souvent. Il l'exigeait. Que voulait-on de lui ? plus d'amour ? il brûlait ; — plus de foi ? il voyait ; — plus d'humilité ? qu'entend-on par là ? demandait-il naïvement. Il avait des motifs irrésistibles. Et sa mère ? et sa famille ? et tel maître qui lui faisait du bien ? et tel ami dont l'avenir se décidait aux examens ? et tel condisciple qui s'oubliait ? et tel étourdi qui l'avait contristé ? Ne le laissera-t-on pas communier pour eux ? — Et c'est ainsi que prenant son essor, et de concert avec les anges ses frères, il portait nos âmes à son Jésus-Eucharistie. C'est ainsi qu'aux joies de la contemplation, il associait les soucis de l'apostolat : il voulait allumer dans les autres le feu qui le dévorait et ranimer la ferveur autour de lui.

Albert avait reçu dans la congrégation le rôle le plus conforme à ses aspirations et aux desseins de Dieu sur lui. Tous les jours un congréganiste désigné par le sort représente la congrégation aux pieds de la Sainte Vierge et la prie de seconder son œuvre dans la maison. Albert était chargé de rappeler à chacun son jour de garde. Il allait, le soir, trouver le député du lendemain : « Demain, c'est ton jour. Fais-nous ça bien. » Et il fallait payer sa dette : « Monsieur, c'est aujourd'hui le 16 ; avez-vous fait votre adoration ? » disait-il en Avril à l'un de ses maîtres. Il faisait plus : il recrutait des congréganistes ; et quand la légèreté, la paresse contrariaient son zèle, il ne se décourageait pas. Il soutenait les faibles et arrêtait de l'œil, quelquefois de la main, les dissipés. « Un tel, il faudra bien qu'il marche. Je le tiens au réfectoire et Louis le voit en récréation », et il entrevoyait dans le lointain le bonheur d'en faire un congréganiste. Et si ses efforts

échouaient. « Celui-là ! oh ! qu'il est dur !
c'est le respect humain qui le tient. ». Et il
en venait alors aux grands moyens : les
neuvaines, les communions, les mortifica-
tions. La mortification corporelle lui fut
toujours interdite : il s'en plaignait et s'in-
géniait à trouver des compensations : ainsi
tout récemment un prêtre qu'il fréquentait
beaucoup fut bien surpris de ne plus le recevoir : il avait imaginé de suspendre ses
relations avec lui pour se mortifier.

L'aumône était une autre de ses pieuses
industries. Il fallait modérer sa générosité :
mais il savait une aumône plus consolante :
un intérêt affectueux, une parole aimable, le
respect de l'infortune. Il s'arrêtait longtemps dans les familles qu'il visitait au nom
de la conférence de Saint Vincent de Paul
dont il faisait partie : il caressait les enfants,
leur parlait du Bon Dieu et se plaisait à les
entretenir de l'Eucharistie. Pourquoi le
taire ? Si quelque âme charitable, si quelque candidat inquiet voulait se concilier le
ciel par une aumône, Albert servait d'inter-
médiaire. On connaissait sa discrétion, et
il donnait de si bonne grâce que le pauvre
ne s'offensait jamais.

Cependant, comblé des dons de la grâce,

de l'intelligence et de la fortune, Albert n'attirait point les regards et dissimulait ses mérites. Ou plutôt, ô merveille de la divine jalousie de Jésus ! Albert ignoré des hommes, s'ignorait lui-même, et n'a connu qu'au ciel la beauté de son âme.

Aux fêtes de Pâques, rien ne faisait craindre une prochaine maladie. Une légère indisposition, complètement guérie, avait à peine interrompu les études d'Albert vers le 23 Mars, et depuis ce temps, ses forces revenaient de jour en jour. Il avait repris ses excursions à Blandecques, et il retrouvait son aimable vivacité auprès de ses amis. Il donnait du reste tous les jours le bulletin de sa santé : « Je suis tout à fait guéri, écrivait-il le Mardi 3 Avril, j'ai repris mes vieilles couleurs. Je dors très bien, je ne m'éveille pas du tout. » Et le lendemain : « Je vais toujours très bien : un appétit féroce ; je continue de recouvrer mes forces. » Puis : « Je viens de faire une promenade avec Joseph et les deux Louis ; nous avons causé beaucoup ; je me suis fort bien amusé. » Il ne se plaint que dans sa lettre du Samedi : « J'ai mal à la jambe droite, au-dessous du genou. Cela me fait peu de mal ; ce n'est pas une grosse affaire. Quant au reste, ma santé va fort bien : je n'ai plus rien sauf un petit rhume. »

Le Mercredi, 11 Avril, lettre désolante : « je vous envoie des nouvelles de ce bon Albert, et je voudrais qu'elles fussent meilleures. Le pauvre enfant est couché depuis deux jours, et passera probablement dans son lit la meilleure partie de ses vacances. Nous avons appelé les docteurs sans tarder. » — Quelques heures après, celui qui recevait cette lettre était auprès de votre fils ; il ne devait plus le quitter.

Un rhumatisme articulaire paralysait les jambes. Albert ne voulut pas vous inquiéter : « Mon frère aussi, disait-il, a eu son rhumatisme ici-même et en a bientôt été délivré. » Il nous rassurait ainsi, égayant par son entrain et ceux qui le soignaient et ceux qui le visitaient.

La pureté de son regard, le rayonnement de son âme lui donnaient des grâces nouvelles. Jamais sa piété n'avait été aussi vive. Déjà dès le mois de Mars, il avait voulu faire de vraies méditations, selon la bonne méthode : son mois de Saint Joseph n'est accessible qu'aux âmes très avancées dans la Vie Intérieure. Il avait désiré les vacances pour se livrer sans entraves à la méditation où il trouvait tant de douceurs. Il se trahit dans ses lettres. — Il écrit le Vendredi 6 Avril : « la piété va fort bien ; je fais ma lecture à la chapelle ; Dimanche, je ferai la Sainte Communion, j'ai un sacrifice à offrir à Dieu : la privation de ma mère. » Et le lendemain, cette lettre inimitable qui devait être la dernière : « Ma méditation de demain a beaucoup de pages ; c'est fort heureux, il est Dimanche ; on peut bien avoir le temps de penser plus longtemps au Bon Dieu, surtout que je vais le recevoir le matin. Je fais toujours ma méditation le matin : on est mieux disposé à la faire, on est tout frais. Oui, demain, je vais faire la Sainte Communion ; je vais servir la Messe à l'un de ces Messieurs, et c'est lui qui me donnera le Bon Jésus. »

Il sut mettre à profit sa maladie. Que faire sur sa couche durant ces longues journées et ces nuits plus longues encore où les heures s'écoulent si lentement ; mais Albert ne veille pas seul ; il y a là-bas près d'une lampe qui brûle toujours quelqu'un qui ne dort jamais : ils veilleront à deux. Voici le matin : sa pensée accompagne le prêtre à l'autel. « Vous mettrez mon cœur avec l'Hostie. » Et quand le prêtre reparaît portant en lui le Bien-Aimé : « Vous êtes le Bon Jésus, bénissez-moi. » Et souvent dans la journée, quelquefois pendant la nuit, il appelle, indique un fauteuil : « mettez-vous là ; allez par la pensée au Très Saint Sacrement ; je vous accompagne. » — Quand vient le soir, il faut lui faire à haute voix et lentement la prière du soir. « Attendez, dit-il, doucement, doucement. » Les oraisons se succèdent ; ce n'est jamais assez. « Prenez votre chapelet ; attendez, c'est mon tour ; je vais dire mon souvenez-vous à S¹ Joseph » et il commence : « Souvenez-vous, ô très chaste époux de la Vierge Marie qu'on n'a jamais entendu dire qu'aucun de ceux qui ont invoqué votre secours soit resté sans consolation. Plein de confiance en votre pouvoir, je viens en votre présence et me recommande à vous avec ferveur. Ah, ne dédaignez pas mes prières, ô vous qui êtes appelé père du Rédempteur ; mais écoutez-les favorablement et daignez les exaucer. Ainsi-soit-il. » — « Allez, dites à votre tour : Loué... » Et alors, les mains jointes, les yeux au ciel, le sourire sur les lèvres, il dit trois fois de cœur ce que le prêtre dit des lèvres trois fois : « Loué, adoré, et remercié soit à jamais le Très Saint et Très Adorable Sacrement de l'autel. » Et il termine seul : « Saint Joseph, mon père, assistez-moi; donnez-moi des forces. Saint Joseph, faites que je dorme ; Saint Joseph, faites que je dorme, » et il le redit jusqu'à ce que sa prière soit exaucée.

Ainsi s'écoulèrent les heures jusqu'au Lundi 16 Avril, jour où se produisit une inflammation d'intestins. Nous étions effrayés ; Albert nous conjurait de ne pas vous inquiéter : la crainte de vous alarmer le préoccupait toujours, et quand la première inquiétude vous fut donnée, il fallut écrire sous ses yeux, presque sous sa dictée. Les lettres se succédèrent de plus en plus alarmantes : le Mercredi 18, une pleurésie et une violente albuminerie se déclaraient ; le télégraphe disait nos angoisses : la vie d'Albert était en danger et chaque journée pouvait être la dernière. Cette funeste nouvelle ne devait pas pénétrer jusqu'à vous. Dieu, qui voulait sanctifier votre âme par des épreuves peu communes et épargner à votre fils les déchirements de la séparation, avait permis qu'une maladie douloureuse vous retint loin de nous. —

Les jours et les nuits se passèrent dans des alternatives de crainte et d'espérance. Nous n'osions plus interroger les docteurs, dont l'un ne quittait pas notre enfant, et quand survenait une amélioration passagère, nous nous hâtions d'en bénir la Providence, avides de remercier et d'espérer davantage. — Albert ne se plaignait point. Outre que son énergie naturelle surmontait la douleur, il ne souffrait pas en raison de la gravité de son état. Il professait toujours, avec la présence d'esprit la plus entière, un suprême mépris de son corps et une étrange gaîté. Il souffrait de moins en moins et les docteurs désespéraient de plus en plus. Le Mardi matin, la péricardite se déclarait.

Dès le 16, on lui avait refusé la prière du soir pour ménager ses forces. — « Puisque vous ne me dites plus de prières, j'en ferai sans vous. » Et il traduisait naïvement les ardeurs de son cœur : « Mon Dieu, je vous aime bien ; mon Dieu, je vous aime de tout mon cœur, de toute mon âme, de toute mes forces ; mon Dieu, je vous aime tant que je peux. » Et quand il croyait échapper aux regards, il redisait son souvenez-vous à Saint Joseph. — La pensée qu'il venait de passer plus de quinze jours sans commu-

nier le tourmentait. Il demandait que le
Bon Jésus vint en lui et lui promettait bon
accueil : on convint que le Bon Jésus vien-
drait secrètement le Vendredi 20, de grand
matin. Notre supérieur l'apporterait, et Auguste, le discret Auguste, l'assisterait. Il ne
fut guère question de maladie dans la nuit
du Jeudi : un sommeil bienfaisant reposa
ses membres. Il se réveilla de lui-même vers
minuit, se recueillit dans la méditation,
puis il commença à haute voix sa préparation. « Bon Jésus, disait-il naïvement, je
sens que vous êtes dans le Très-Saint Sacrement : vous êtes là avec votre corps,
votre sang, votre cœur et tous vos membres. Bon Jésus, je vous aime bien ; oh oui,
que je vous aime ; je vous aime tant que je
peux : je vous offre mes souffrances en préparation. Bonne Vierge, Saint Joseph, pré-
parez-moi. » Et comme le Très-Saint Sacrement tardait à venir : « Il ne vient donc pas
le bon Jésus. Pourquoi ne venez-vous pas ?
Ne suis-je pas prêt ? Oh oui, je suis prêt
tant que je peux. » La Sainte Hostie descen-
dait péniblement : « plus bas, Bon Jésus,
plus bas ; sur mon cœur. » Le prêtre voulut lui suggérer son action de grâces : il dut
y renoncer : les sanglots l'étouffaient. Al-

bert s'en tira seul : « Saint Joseph, mon père, remerciez le Bon Jésus pour moi, je ne peux pas ; Sainte Vierge, je suis votre congréganiste, assistez-moi. Bon Jésus, je vous adore tant que je peux, je vous remercie tant que je peux, je vous aime tant que je peux ; Bon Jésus, je vous demande tout ce que vous voudrez. Saint Joseph, faites que je dorme. » Et le sommeil revint.

Il n'en faut pas douter ; c'est dans cette élévation continuelle de son âme vers Dieu qu'Albert trouva sa force et l'oubli de ses souffrances. Parfois, une douleur aiguë se faisait sentir : « laisse-moi donc, disait-il, tu m'empêches de faire un acte de charité. » Son acte de charité jaillissait et il oubliait tout.

Albert se rappelait ses affections terrestres : « Mon Dieu, je vous offre mes souffrances pour ma mère, pour ma sœur, pour mon frère, pour ma famille, pour St-Bertin, pour la Congrégation, pour Auguste, pour Emile, pour Louis, pour petit Jules. » Et il conjurait qu'on les laissât venir : « Amenez-moi Auguste ; vous me l'avez promis. » Auguste venait ; il était défendu de lui parler. Albert le contemplait longuement, caressait ses mains, ses joues :

« Va, prie pour moi. » Et Louis, et Jules, et Victor, et il recommençait ses caresses. Il fallait l'arrêter : il voulait voir tant de monde ; il aimait tant de monde ; il aimait indéfiniment, et demandait bonnement à Dieu que tout le monde fut bon et lui aussi.

« Allez, Monsieur, disait-il le Samedi, allez confesser ; je ne vous quitterai pas ; je vais offrir mes souffrances pour vos pénitents. » Le lendemain, quel ennui ! « Voilà quinze jours que je ne vais plus à la chapelle ; allons-y de cœur. Ouvrez cette porte qué j'entende les chants. Je n'entends pas ! quel ennui ! Mon Dieu, je vous offre mes ennuis. » C'était son dernier dimanche sur la terre.

Albert n'avait pas le pressentiment de sa fin prochaine. Parfois une vague idée de maladie grave traversait son esprit : « Venez, disait-il en ouvrant les bras et attirant à lui, venez ; qu'est-ce qu'il y a ? pourquoi vos yeux sont-ils si rouges ? » — Oh ! ce n'est rien, vous savez que je n'ai pas dormi. » — « Non, ce n'est point cela ; dites, qu'est-ce qu'il y a ? Voyez comme j'ai plus de courage que vous. » Et sa pensée se portait ailleurs.

Le mardi 24 Avril se passait sans faire

prévoir le cruel dénouement redouté par les docteurs. Tout à coup, vers une heure, Albert demande à se lever, se fait traîner près du foyer et arrête les yeux sur une image de Saint Joseph. Que se passa-t-il dans l'âme de votre fils ? Dieu seul le sait. Une rougeur subite colora ses joues, un éclat plus vif anima son regard, et il voulut reprendre son lit. Il se recueillit, médita, et pour la première fois la douloureuse réalité se dressa devant lui : la mort.

La mort épouvante. Le mondain met tout son bonheur dans les jouissances de la vie. Il entrevoit par delà la tombe un terrible inconnu qu'il ne veut pas sonder ; la mort qui prend ses seules joies et n'en promet point d'autres, est pour lui le malheur suprême. Le chrétien craint la mort, il craint les angoisses de l'agonie, les derniers assauts du maudit ennemi des âmes, et surtout les jugements redoutables du Dieu vivant. — Mourir à dix-sept ans, c'est pour le mondain briser la coupe que ses lèvres vont effleurer ; c'est souvent pour le chrétien porter devant son Dieu peu de gloire et peu de couronnes.

Albert envisagea la mort sans crainte et sans regret. Un calme, une sérénité qu'une plume humaine ne saurait décrire se peignit sur ses traits. Il sentit que Saint Joseph lui épargnerait toute agonie, que la Vierge Marie écraserait Satan ; que Jésus-Eucharistie l'attendait par delà la mort. Le ciel pour dix ans de collège ! Il sourit, demanda l'Extrême-Onction et apprenant avec bonheur qu'il pouvait faire la Sainte Communion, il commença doucement sa préparation. Jésus vint : les Onctions Saintes purifièrent son Elu, et Albert cœur à cœur avec son Jésus, ne contint plus les transports de son âme. Il comprit que les voiles Eucharistiques allaient disparaître pour toujours ; que tout à l'heure il verrait face à face le Bien-Aimé de son âme. Quand l'Hostie Sainte disparut, on l'entendit pousser deux fois ce cri d'espérance : « Au revoir, Bon Jésus ! au revoir, Bon Jésus ! » La foi, l'amour, une faim céleste donnaient à ce cri une éloquence surhumaine ; puis, dans un saint enthousiasme, Albert renonce à la terre : « Mon Dieu, je vous sacrifie mon corps, ma vie, ma sœur, mon frère, ma famille. Je vous sacrifie même... » ici un cri déchirant sortit de sa poitrine «... ma mère ! oh ! ma mère ! viens, Arthur, viens, que je t'embrasse au nom de ma mère ! Mon Dieu, faites que ma mère aille au ciel ! Et maintenant, tout ce que vous voudrez ; quand vous voudrez, je suis prêt. »

Albert s'aperçut seulement alors que des sanglots longtemps contenus couvraient sa voix. C'étaient ses maîtres qui pleuraient, ses maîtres qui l'aimaient comme on aime chez nous de toutes les forces de leurs âmes sacerdotales, ses maîtres qui avaient rêvé pour lui de brillantes destinées et qui pleuraient leurs illusions brisées. Albert voulut leur faire ses adieux : « Au revoir, Monsieur, merci de vos soins ; au revoir, Monsieur, merci des bonnes leçons que vous m'avez données ; au revoir, Monsieur, priez pour moi », et il les appelait par leurs noms, et il séchait leurs larmes, et il les couvrait de caresses. — Il consolait le docteur qui luttait en vain : « Allez, docteur, faites tout ce que vous voudrez », et quand une ventouse le faisait souffrir, il n'en perdait pas le profit : « Mon Dieu, c'est pour vous. » Nous espérions toujours : nous disions que le Sacrement des mourants ramène quelquefois à la vie. La porte fut de nouveau consignée.

Même en cette extrémité, la soif des âmes poursuivait Albert. Il suppliait qu'on lui amenât ses amis : « Auguste, de grâce amenez-moi Auguste. » Auguste vint : « Au revoir, Auguste ; je te remercie du bien que tu m'as fait ; sois un bon prêtre et ne m'oublie pas à l'autel. » Il lui fallut Emile, Louis, Jules, Joseph : « Au revoir, Jules, sois chrétien et prie pour moi. » — « Au revoir, Joseph, merci de tes bonnes visites, prie pour moi. » — « Au revoir, Louis, sois bon chrétien et prie pour moi. » — Il en voulait d'autres ; on les lui refusa, il fit encore ce sacrifice. « Je n'ai jamais si peu souffert, disait-il ; mais la respiration s'embarrasse, n'est-ce pas, docteur ? eh bien ! que dites-vous maintenant ? allons, merci, docteur. Vous, mettez-vous là ; dites votre bréviaire; ce n'est pas maintenant. » Il suivait ainsi les progrès de son mal.

Ses forces diminuant de plus en plus, il fit venir ses maîtres et voulut encore une fois nous donner rendez-vous au ciel. « Au revoir, Messieurs, au revoir ; merci. » Et tous, à travers leurs larmes, contemplaient Albert et lisaient dans son âme. Ils se rappelaient ses oraisons, ses communions, ses visites au Saint-Sacrement, sa candeur, son zèle, son grand cœur : ils se rappelaient le « Bon Jésus » l'embellissant avec tendresse, et le conduisant amoureusement aux sommets de la vie chrétienne, d'où son âme s'envolait au ciel.

Albert termina par vous ses adieux à la terre : il couvrit de baisers votre photographie : « Ma mère! oui, la voilà ! Viens, Arthur, viens ; encore, encore, embrasse-moi pour ma mère.» « Oui, répondait le pauvre Arthur ; je lui dirai tes adieux, la douceur de ta mort, et elle sera consolée. » — « Mon Dieu! je vous offre mes souffrances pour ma mère ! Adieu, je m'en vais. » — « Où allez-vous ? » — « Au ciel.» — « Et là ? » — «Là, je verrai le Bon Jésus, la Bonne Vierge, Saint Joseph » et il récita à haute voix cette belle Communion spirituelle qu'il disait plusieurs fois le jour :

« Mon adorable Jésus, je crois que vous êtes réellement présent dans le Saint Sacrement : je vous y adore et je vous aime par dessus toutes choses, et je vous désire de toute l'ardeur de mon âme. Mais, puisque je ne puis vous recevoir sacramentellement, venez du moins spirituellement dans mon cœur. Je m'unis à vous comme si vous y étiez déjà venu en effet et je me donne tout à vous, ne permettez pas que je m'en sépare jamais.

Jésus, tout mon amour, Jésus tout mon bonheur.

De votre feu céleste embrasez tout mon cœur. »

Et il répétait « Jésus, tout mon amour, Jésus, tout mon bonheur ; Jésus, Marie, Joseph ; venez, Saint Joseph ; venez, ô mon père ; venez, Jésus, Bon Jésus ; » et on entendit encore : « Jésus, Bon Jésus, » et il le redit depuis en Paradis.

Le jour de Saint Joseph allait commencer ; à minuit, un prêtre montait à l'autel, l'autel d'Albert, l'autel où son grand cœur le ramenait à chaque instant du jour, l'autel où ce prêtre le nourrissait du Pain des Anges ; et le prêtre lisait dans la Messe du jour ces consolantes paroles : « Mon Dieu, vous m'avez sauvé des méchants, de la multitude de ceux qui commettent le péché. — O Seigneur, vous avez mis une couronne précieuse sur sa tête. »

La mort avait respecté les traits de notre enfant. Le bon sourire de ses lèvres, ses yeux doucement fermés, la sérénité de son visage rappelaient Albert revenant de la Table Sainte et possédant son Bien-Aimé. Il reposait parmi les lis et les roses ; sa tête légèrement inclinée, le Christ sur son cœur, le chapelet dans ses mains invitaient à la prière. « Je suis le lis de la vallée, lisions-nous dans ses traits, je repose dans celui que j'avais tant désiré, et j'ai goûté de son fruit plus doux à ma bouche que le miel le plus délicieux. Mon Bien-Aimé est à moi, et moi je suis à lui, parce qu'il se plaît parmi les lis. »

Maîtres et élèves, amis du dehors et camarades d'autrefois, ne se lassaient point de le contempler. Antonio vint aussi ; il ne pouvait se consoler d'être arrivé trop tard ; il pleura son frère et ne s'en éloigna plus. Et, s'interrogeant les uns les autres, nos enfants disaient : « Qui donc connut Albert sans l'aimer ? Qui donc ne fut séduit par ses vertus ? » — Et nous : « Oui, enfants, il vous a donné l'exemple ; allez, fleurissez, et portez comme lui des fruits qui durent toujours. » — Nous ne pouvions nous en séparer. Nuit et jour, nous l'entourions, ne trouvant qu'en lui notre consolation.

L'un de nous s'était réservé la place où il avait recueilli le dernier soupir d'Albert ; et là, dans une désolation muette, il priait l'enfant pour la mère. Parfois, laissé seul, il s'approchait, s'agenouillait ; puis, posant

la main sur le beau front de son Albert, et
soulevant sa paupière, il lui demandait :
« Enfant, pourquoi m'as-tu quitté ? » — Et,
dans ces yeux qui ne l'ont jamais trompé,
il lisait : « Pour que ma mère vienne au
Ciel. »

Hélas ! deux jours seulement s'étaient
écoulés, et l'implacable cercueil attendait
déjà. Nous étions là tous, retardant notre
sacrifice, et embrassant une dernière fois
le plus aimé de nos enfants. Il disparut à
nos yeux. Notre bien-aimé supérieur, dont
j'ai dû taire les angoisses, ne maîtrisait
plus son émotion : « Bon enfant ! s'écria-t-
il ; bon enfant, au nom de tes maîtres et de
tes camarades, adieu ; à Dieu ! » Et sa
douce figure, à jamais gravée dans nos
cœurs, nous ne devions la revoir que dans
l'Eternité.

St—Omer, Jeudi, 31 Mai, 1888.
Fête du Très Saint Sacrement.

Saint-Omer, Imp. H. D'HOMONT.